经典经济学
轻松读

保罗·克鲁格曼:
经济危机

[韩]李硕镇　著
[韩]朴宗浩　绘
郑博源　译

中国科学技术出版社
·北京·

Economy Crisis by Paul Krugman
©2022 Jaeum & Moeum Publishing Co.,LTD.
|㈜자음과모음|

Devised and produced by Jaeum & Moeum Publishing Co.,LTD., 325-20,
Hoedong-gil, Paju-si, Gyeonggi-do, 10881 Republic of Korea
Chinese Simplified Character rights arranged through Media Solutions Ltd Tokyo
Japan email:info@mediasolutions.jp in conjunction with CCA Beijing China
北京市版权局著作权合同登记 图字：01-2022-6293。

图书在版编目（CIP）数据

保罗·克鲁格曼：经济危机 /（韩）李硕镇著；
（韩）朴宗浩绘；郑博源译 . -- 北京：中国科学技术出版社，2023.5
  ISBN 978-7-5046-9969-5

Ⅰ. ①保⋯ Ⅱ. ①李⋯ ②朴⋯ ③郑⋯ Ⅲ. ①经济危机—通俗读物 Ⅳ. ① F014.82-49

中国国家版本馆CIP数据核字（2023）第037571号

策划编辑	申永刚　王碧玉	封面设计	创研设
责任编辑	杜凡如	责任校对	张晓莉
版式设计	蚂蚁设计	责任印制	李晓霖

出　　版	中国科学技术出版社
发　　行	中国科学技术出版社有限公司发行部
地　　址	北京市海淀区中关村南大街 16 号
邮　　编	100081
发行电话	010-62173865
传　　真	010-62173081
网　　址	http://www.cspbooks.com.cn

开　　本	787mm×1092mm　1/32
字　　数	41 千字
印　　张	4
版　　次	2023 年 5 月第 1 版
印　　次	2023 年 5 月第 1 次印刷
印　　刷	大厂回族自治县彩虹印刷有限公司
书　　号	ISBN 978-7-5046-9969-5 / F·1109
定　　价	59.00 元

（凡购买本社图书，如有缺页、倒页、脱页者，本社发行部负责调换）

序言

　　说起经济萧条，大家会想到什么呢？可能会是员工失业、公司倒闭、股市下行，等等。经济萧条不只和国家或企业有关，也关系到我们生活的方方面面。大部分人都不愿去想经济萧条，也不希望生活陷入经济萧条，我也一样。不过，经济萧条确实是我们必须要面对的问题。

　　不过大家也不必担忧。我会通过本书帮大家了解应对经济萧条的方法，也希望大家从本书中看到希望。

保罗·克鲁格曼（Paul R. Krugman）是经济萧条研究领域最权威的专家之一。他曾准确预测全球经济萧条的到来，还获得了诺贝尔经济学奖。现在，经济危机仍在持续，保罗·克鲁格曼也依然活跃在全球经济问题讨论的中心，致力于研究应对经济危机的方法。

保罗·克鲁格曼还是一位拥有进步思想的经济学家，他认为面对经济问题应该根据现实情况提出符合实际的解决方法。他不认同专为富人制定的经济政策就能让经济好转，他主张只有减少社会中的经济困难人群，才能推动经济发展。

另外，保罗·克鲁格曼还主张经济学不应只停留在复杂难懂的理论思考上，还应该用通俗易懂的方式帮助普通大众理解经济学和经济现象。因此他撰写了众多面向大众的经济学科普文章。普通人一提到经济学，最先想到的可能就是复杂难懂的图表和计算公式。其实我们日常生活的方方面面都离不开经济，所以在解释经济时自然应该结合发生在我们身边的事。

保罗·克鲁格曼认为经济和政治存在诸多关联。有些人可能会觉得经济和政治没有联系，可实际上政治对我们生活的各个方面都发挥着巨大影响。我会在本书中具体解释经济与政治的关系，也希望大家学习时把这两者联系起来，相信这样能给大家的生活带来很大帮助。

本书内容虽然是介绍保罗·克鲁格曼的理论与主张，但大家不必盲目认为这些主张一定正确。对于一种现象自然会存在各种主张，不可能说其中的某个主张就一定正确。也希望大家通过阅读本书，培养自己理解他人想法和阐述自己想法的能力。

李硕镇

独家访谈 | 保罗·克鲁格曼

积极的政府可以拯救经济

大家好，我是专访记者。今天我要采访的是当今世界最受瞩目的经济学家，他凭借贸易理论和经济地理学的结合取得了巨大的学术成果，并获得了诺贝尔经济学奖，他就是——保罗·克鲁格曼教授。

记者： 克鲁格曼教授，我在准备采访资料的时候发现您有很多别名,其中最有代表性的是"经济萧条的传道者"。您对这个别名怎么看?

克鲁格曼: 在我预测对了几次经济萧条以后,人们就开始叫我"经济萧条的传道者"了。不过听起来总有一种好像是我引起了经济萧条的感觉,所以我不是很喜欢这个别名。我预见了经济萧条并提出了解决方案,所以我更希望人们叫我"克服经济萧条的传道者"。

记者: 您从耶鲁大学毕业后,又在麻省理工学院获得了经济学博士学位,现在担任普林斯顿大学经济学系和外交学系的教授。您平时一直主张经济和政治存在很深的关联,您担任外交学系教授也和这种看法有关吧?

克鲁格曼：我确实认为经济和政治这两者不是相互独立的，所以我也在属于政治领域的外交学系任教。大家可能会觉得政治很难理解，可政治又和大家有着极深的关联。关于这方面我会在后面仔细讲解，这里先简单举一个例子。

关于学校到底应该免费提供餐食还是应该收费，一直存在很多争论。在这里面，经济方面的问题是供餐需要多少费用。因为全国有很多学校和学生，而这个餐费究竟应该由父母来交，还是应该由国家承担？决定这件事情的就是政治。所以说，经济和政治的关系非常紧密。

记者：政治不仅和经济有关，和孩子们的生活也有关。您在1991年获得了极难获得的约翰·贝茨·克拉克奖，又在2008年获得了诺贝尔经济学奖。您几乎已经取得了一个学者所能获得的所有荣誉，可您还是这么充满工作热情。您为什么能保持这样的热情呢？

克鲁格曼：我认为经济学不能单纯停留在理论层面，还应该准确分析现实情况并提出解决办法。抱着这样的想法，我写了很多书，也定期在《纽约时报》(*The New York Times*)上发表专栏文章。我要求自己不能只单纯地罗列理论，因此我一直都在尽力用最简单易懂的方式来解释现实经济问题。

我写过的书有《兜售繁荣》(*Peddling Prosperity*)《萧条经济学的回归和2008年经济危机》(*The Return of Depression Economics and the Crisis of 2008*)和《一个自由主义者的良知》

等（*The Conscience of a Liberal*）。很多普通读者都读过这些书。之所以普通读者会读，我想就是因为这些书都是用很简单易懂的词汇把经济和现实联系起来解释问题的。我说这些不是在炫耀，而是因为我主张：停留在理论层面的学问只是一条腿走路的学问。

记者：其实也可以这么说，只有能解决现实问题的理论才是真正鲜活的理论。在介绍您的理论时，有一个人不能不提——英国经济学界的代表人物凯恩斯。您对此怎么看？

克鲁格曼：我和凯恩斯的关系非常密切。像我这样认同凯恩斯理论的人被称为"凯恩斯主义者"，也就是被归为凯恩斯学派。凯恩斯可以说是第一位研究出克服经济萧条方法的经

> **约翰·梅纳德·凯恩斯**
> (John Maynard Keynes)
> 英国经济学家，其理论和思想影响了罗斯福总统推行罗斯福新政。

济学家。当年美国陷入经济大萧条时，其他经济学家都认为政府不用采取任何措施应对，经济自己就会慢慢好转。只有凯恩斯提出如果什么都不做的话，那么我们所有人都会陷入绝境。

而且重要的是，后来采用了凯恩斯提出的解决方法的国家都从经济大萧条中走了出来。现在已经没有任何一个国家的经济政策能脱离凯恩斯理论的影响。几乎所有国家都会采取相应措施来解决经济问题，差别只是干预程度不同罢了。采取措施在当前这个时代是理所当然的解决方法，可在凯恩斯身处的那个时代，只有他自己一个人这样主张。政府主持修路、盖桥等大家现在觉得很自然

的事情，其实都可以说是凯恩斯提出的解决方法之一。我现在也依然认为他的方法是正确的。

记者： 我读过您的《一个自由主义者的良知》。您在书里提到我们必须回到凯恩斯的时代。您一直和凯恩斯一样主张政府应该积极干预经济。不过也有很多学者反对这个主张。您对此怎么看？

克鲁格曼： 政府做的事也不可能永远正确，可我仍然认为政府采取措施好过放任不管。认为放任不管经济就会自己好转的主张是不负责任的。就比如有人落水了，难道要让这个人先学会游泳然后自己游上来吗？当然是要派救生员施救了。大家都知道救生员虽然没法救出所有人，但至少能救出大部分人。我认为政府的角色就是这样。

记者： 您举的这个例子真的太形象了。您也知道，之前的一些事件让您受到了全世界的瞩目，就是您准确预测出了亚洲金融危机和国际金融危机。您是怎么都预测对的呢？

克鲁格曼：我又不是算命的，怎么可能都预测对。不过我一直都在细心观察经济状况并提出疑问，所以经常能预测对。最重要的是预测到危机并提前预防。如果预防不住，那就必须采取措施去解决。亡羊补牢是于事无补的。我们要通过这门课学习什么是经济萧条和应该如何解决经济萧条。希望大家能带着这些问题学习。

记者：听了您的这些话，感觉前面又出现了希望。今天的采访就到这里，感谢您接受采访。

目录

第一章　什么是经济萧条 /1

通货膨胀和通货紧缩孰优孰劣 /3

经济繁荣与萧条 /10

史无前例的停滞性通货膨胀 /13

不工作的人都是失业者吗 /18

扩展知识丨可怕的恶性通货膨胀 /21

第二章　经济为何陷入萧条 /27

经济循环周期：过山车般的经济 /29

造成经济萧条的原因 /36

扩展知识丨应该由国家来制定商品价格吗 /40

第三章　经济萧条总是存在吗 /45

"黑色星期四"引发的美国经济大萧条 /47

日本"失去的十年" /54

韩国金融危机 / 59

无法阻止的全球金融危机 / 63

扩展知识丨经济也要老师教 / 72

第四章　应该如何应对经济萧条 /77

解决经济萧条的两个手段 / 79

政府是不可缺少的吗 / 87

政府该如何花钱 / 90

与经济萧条一决胜负 / 93

不要惧怕通货膨胀 / 96

扩展知识丨经济增长不是幸福的唯一条件 / 101

结语　我们能通过努力战胜萧条 / 106

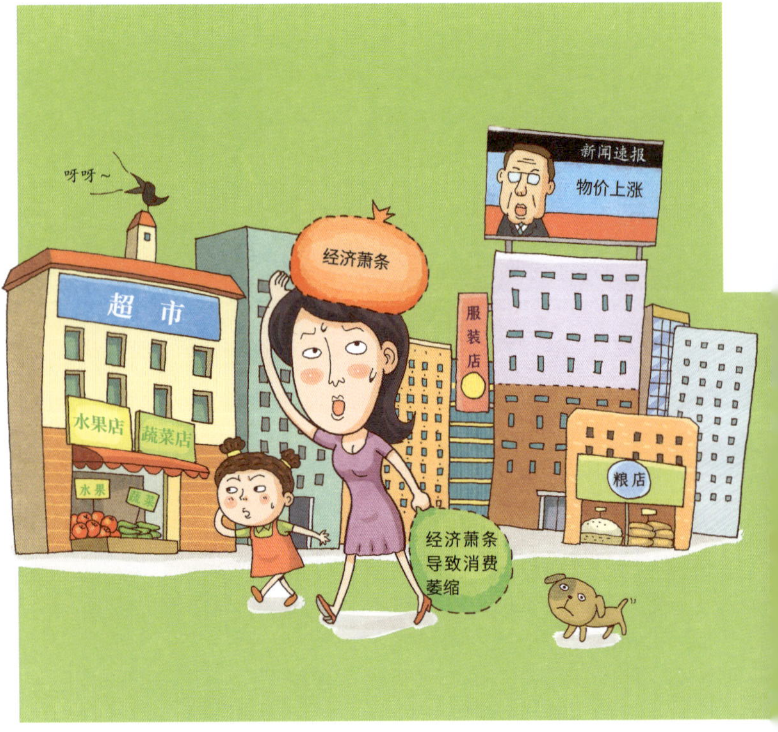
呀呀～
新闻速报
物价上涨
经济萧条
超 市
服装店
水果店
蔬菜店
水果
蔬菜
粮店
经济萧条导致消费萎缩

第一章

什么是经济萧条

人们总是希望经济一直繁荣下去,可经济实际上从来没有一直繁荣过。关于经济萧条,有很多恢复和改善的方法。这一章我们就来了解和学习各种经济状况以及经济萧条的相关概念。

通货膨胀和通货紧缩孰优孰劣

大家都知道商店里卖的东西价格都是定好的吧？世界上商品无数，而它们的价格都是定好的。那么，价格和物价有什么不同呢？

> 通货膨胀由物价指数的变动率来测量。分为需求增长速度快于供应的需求的拉动型通货膨胀和生产成本上涨导致的成本推动型通货膨胀。

如果说"价格"是用数值表示个别商品的价值，那"物价"就是把各种商品的价格综合起来平均来看的概念。物价不是某个物品或某类物品的价格,是指所有商品的平均价格水平。不过大家应该遇到过这种情况:之前看到一件商品的价格是1000韩元[①],过了一段时间后再去买时价格就涨到1100韩元了。与此相反的商品价格降低的情况也存在,只是这种情况不常发生。这种物价整体持续上涨的现象叫作"通货膨胀",物价持续下跌的现象叫作"通货紧缩"。

大家以前应该看到过大人们看新闻时这样抱怨:"政府明明说物价只上涨了一点点,可实际上市场或超市里的商品价格却涨了很多。"为什么会这样呢?这是由"物价"这个概念造

---

① 1000韩元≈人民币5.5元,以2023年2月汇率换算。——编者注

成的。之前我们说过物价是所有商品价格的平均值。在无数的商品中，有的商品价格下跌了，有的商品价格却上涨了。把所有这些价格合计后再平均下来，物价可能看起来涨幅不大。尤其是对于农产品来说，经常会出现这种情况。这是因为当农产品需求增长时供应无法及时跟上，需求下降时又难以退货或储存。

那么对我们来说，通货膨胀和通货紧缩哪个更好呢？物价上涨的话商品就贵了，所以通货紧缩比通货膨胀好，是这样吗？最终结论是：通货膨胀和通货紧缩之间没有绝对的谁好谁坏。下面我各举一个它们的优缺点。

物价持续上涨形成的通货膨胀对谁有利？对持有物品的人有利。比如文具店卖的练习本的价格从1000韩元涨到了1100韩元，店主卖出同样一本练习本会比原来多赚100韩元。相反，买练习本的人要比以前多掏100韩元才能买到练习本，所以这对买练习本的人来说是不利的。

如果物价上涨，钱的价值就会降低。因为用同样的钱能买的东西变少了。所以如果一个人把钱借给了另一个人，这种情况会对借出钱的人不利。因为以后把钱收回来后能买的东西变少了。相反，对借到钱的人来说，因为要还的钱的实际价值降低了，对他来说是有利的。这里大家可能会觉得有些困惑，当初借到了1000韩元，然后也必须还1000韩元，为什么借到钱的人是有利的？我再具体解释一下。虽然借到的钱和要还的钱的金额都是1000韩元，可借出钱的人当初借给别人的时候用这1000

韩元能买一本练习本，可现在练习本的价格变成1100韩元了，用1000韩元买不了了。所以说通货膨胀对借出钱的人不利。这下大家理解了吗？

从这里我们就能看到，在经济领域里，光是物价这一个概念，面对同一种经济状况，都同时存在对其有利的人和对其不利的人。所以，确实不能说通货膨胀一定好或不好。出现经济问题时，最重要的还是要准确了解情况并采取相应的应对措施。

那通货紧缩会怎么样呢？大家把这个现象与通货膨胀反着想就能很轻松地理解了。相比持有物品的人，通货紧缩对持有钱的人有利。比如我有1000韩元，因为通货紧缩，练习本的价格从1000韩元降到了900韩元，那么我买完

5000韩元
5000韩元
这才几天的工夫，物价涨了好多啊！
10000韩元

物价降了，得赶紧买啊！
虽然卖了好多，可是没赚到什么钱啊。

练习本后还能剩下100韩元。

那么在借出钱的人和借到钱的人之间，通货紧缩对谁有利呢？对借出钱的人有利，因为收回钱的时候能买的东西更多了。有些人可能会说自己只见过商品价格上涨，没见过下降。大家好好回忆一下，你一定经历过价格下降的情况。比如大家现在用的手机资费就比以前降了很多。此外还有某个物品或某类物品价格下降的情况，也有物价整体下跌的情况。

有人可能会认为通货紧缩进而导致物价下跌好。可通常出现通货紧缩、物价开始下跌的现象时，经济也会同步恶化。因为物价下跌的原因是东西不好卖了。商品卖不出去，企业的经营状况就会变难，在企业工作的员工们的生活也会变难，最终导致整个经济陷入困境。

现在大家知道通货膨胀和通货紧缩各自的特征了吧？希望大家自己也想一想通货膨胀和通货紧缩在什么情况下对哪些人比较好，在什么情况下对哪些人比较不好。

经济繁荣与萧条

大家听过"最近的经济真不景气啊"或者"最近经济真好啊"这样的话吗？这里的"不景气"指的是经济萧条；"经济好"指的是经济繁荣。经济好的时期叫"经济繁荣期"；不景气的时期就叫"经济萧条期"。繁荣期生产活动会增多；萧条期生产活动会减少。

在生产活动增多的经济繁荣期，企业为了生产会雇用很多人。雇用增长表示企业雇用的员工多。而雇用增长会使得员工们的收入增多，消费也会随之增多。这段时期就可以称为经济好的繁荣期。

与此相反，经济萧条期时，生产活动减少，企业就会解雇员工并不再继续招人。在这个过程中，员工们的收入减少，没有能力买自己想买的东西，消费因此随之减少。而这又导致企业生产的商品需求量减少卖不出去，进而企业陷入经营困难，就这样形成恶性循环。这段时期也就可以称为经济不好的萧条期。

前面我们学习了通货膨胀和通货紧缩的概念，刚才又学习了经济繁荣与经济萧条的概念。下面就来看看它们之间存在着什么样的关系。一般情况下，经济繁荣连带着通货膨胀，而经济萧条连带着通货紧缩。市场上的商品价格受需求和供应影响。需求增多，价格就会上涨，所以经济繁荣期的物价总体是上涨的。这说明通货膨胀不一定都是坏事。相反，经济萧条期会出现通货紧缩，进而出现物价总体下跌，这是由于市场对商品的需求减少造成的。这说明物价下跌也不一定都是好事。

约瑟夫·熊彼特
（Joseph Schumpeter）
美籍奥地利经济学家，是20世纪最具代表性的经济学家之一。

熊彼特主张经济发展的动力是企业引入新技术或开发新产品。

大家应该都希望经济繁荣期的物价也不涨吧？最理想的情况自然是经济繁荣期时物价反而下跌或者至少不涨。可实际上这种情况极为少见。著名经济学家熊彼特曾说经济发展依靠技术创新。一旦出现技术创新，经济自然就会发展。所以大家要多思考如何创新，技术创新会造就经济繁荣且物价不过多上涨。此外根据凯恩斯的理论，也有其他办法。在经济严重萧条时，政府出面干预也能形成物价不涨但经济好转的情况。

史无前例的停滞性通货膨胀

前面我们提到了经济繁荣时一般会出现通货膨胀，经济萧条时一般会出现通货紧缩。其实历史上也出现过和这个规律相悖的情况，就是1929年发生在美国的经济大萧条。经济的混乱打破了商品生产

> 经济大萧条是指长期持续的严重经济衰退。这时，生产和人们的收入都减少，失业率大幅增加。美国的经济大萧条从1929年一直持续到了1933年。

罗斯福新政
美国在罗斯福总统的领导下推行的一系列克服经济大萧条的政策。政府通过积极干预，对自由主义经济进行了修正。

与消费的平衡，导致产业运转停滞、金融情况恶化，造成了经济社会持续动荡的局面。

凯恩斯在当时提出了解决办法。时任美国总统的富兰克林·罗斯福（Franklin Roosevelt）借鉴了他的办法，通过推行罗斯福新政克服了美国经济大萧条。凯恩斯主张的"政府干预"的解决方法直到1960年都是完善资本主义局限性的有效经济理论。可进入七十年代，意想不到的事又发生了。

美国在经济萧条下竟然还发生了通货膨胀。生产减少，物价却反而上涨了。这种现象叫作"停滞性通货膨胀"。人们开始陷入恐慌，因为此前从没有出现过这样的情况。为什么在经济萧条的情况下物价还会上涨呢？

大家知道中东地区吗？就是伊拉克、沙特

阿拉伯、伊朗和科威特这些国家所在的地理区域。中东地区盛产石油，当时中东的石油价格上涨。而

> 像这样由生产成本上涨导致的通货膨胀叫作"成本推动型通货膨胀"。这时，大部分商品的价格猛增，就会同时出现通货膨胀和经济萧条的现象。

石油是现代社会不可或缺的资源和原料，用石油制造的东西数不胜数，不仅汽车的燃料需要石油，我们家里的暖气燃料，我们穿的衣服、鞋等生活必需品的生产，都离不开石油。如果石油价格上涨，那些用石油制造物品的生产活动就不得不减少，而商品供应减少，物价自然就会上涨。

情况已经到了最糟糕的时候。可当时人们是怎么做的呢？他们还死守着以前的经济政策，结果导致经济萧条进一步加重、物价进一步上涨。那么究竟应该怎么做呢？虽然困难重

重，但也只能想办法降低石油价格了。现在看来这么做理所应当，可在当时人们并没有想到这点。

要降低石油价格就必须减少对石油的使用。所以从那时起，对替代能源的研发开始活跃起来。现在我们熟悉的太阳能、电动汽车、混合动力汽车等开始被研发的契机就是因为当时石油价格上涨。现在石油依然是我们的重要资源，不过已经有越来越多的人在寻找替代方案了。

这种供应方面出问题的情况也会发生在其他产品上，农产品就是其中之一。气候对农产品的影响巨大，而人们又难以预测和应对气候变化。所以几乎每个季节都会出现相应的水果、蔬菜短缺导致大家喜欢吃的食品涨价等现象。农产品的价格难以灵活调整，所以不仅农产品歉收时会出问题，连丰收时也会出问题。为了提前做好应对准备，政府也在努力制定合适的政策。

人们都有这样的倾向，即如果存在一个曾经有用的好方法，那人们就倾向于一直采用这个方法。在经济方面也是如此。人们在美国经济大萧条时依然遵循原来的市场调节供需原理，没有采取任何其他的措施，以为经济会自己好转。结果怎么样呢？经济并没有好转，人们长期陷入艰难之中。

凯恩斯没有坐以待毙，他提出了新的解决方法。伟大的科学家爱因斯坦曾经说过："我们面对的重大问题永远不能在产生问题本身的层次上被解决。"也就是说，我们要用新的方法去解决新产生的问题。所以大家的创新精神非常重要,一定要从不同的角度去思考问题。如果一味地觉得"以前是那么做的,现在也那么做就行了",就会出现问题难以解决的情况。美国经济大萧条就是一个教训。

我到现在仍然认为凯恩斯提出的方法是正确的。但我们也必须时刻审视这个方法是否在任何情况下都正确。为了对当前的经济状况加以改善,我们必须持续研究并提出适合的克服经济萧条的方法。

不工作的人都是失业者吗

到现在为止,大家已经学习了通货膨胀、通货紧缩以及停滞性通货膨胀的概念。接下来我们再来学习一个关于经济萧条的重要概念。

大家在新闻和报纸上看到过"失业"这个词吧?也应该看到过"失业者"这个词。失业是指"具备工作意愿和劳动能力的人失去了工作岗位或无法获得工作机会的状态",而处于失业状态的人就叫作"失业者"。

> 失业不仅会给个人、家庭造成困难,也会导致社会成本增加。失业增多后人们可调配的收入就会减少,国家用于维持社会运转的支出随之增多,导致政府的财政负担加重。

一旦陷入经济萧条,企业就会开始解雇员工。大家可以想象一下,假如你的父母被公司解雇了,明天起就没有工作了。这样你们家就没了收入,但生活必需的伙食费、电费、水费等却还是要支出。这样的情况如果持续下去,家庭经济很快就会崩溃。此外,生活极度困难还会造成犯罪等各种社会问题。

如果失业者增多,出问题的将不仅仅只有

第一章 什么是经济萧条

家庭。经济萧条的最大问题之一就是失业。失业者增多会给整个经济造成重大影响，而且难以恢复。所以国家一直都在努力避免失业者增多。

这样的话，我们就该搞清楚哪些人属于失业者了吧？不工作的人都是失业者吗？不。没有工作能力的人和没有工作意愿（不想工作）的人都不是失业者。

扩展知识

可怕的恶性通货膨胀

一般情况下,经济繁荣期会出现通货膨胀。人们虽然能够接受物价适当上涨,但却惧怕物价突然大幅上涨。物价突然急剧上涨叫作"恶性通货膨胀"。下面就来了解一下恶性通货膨胀的历史吧。

历史上有代表性的恶性通货膨胀发生在1923年德国的魏玛共和国时期。当年德国发生了恶性通货膨胀。当时,1磅[①]面包的价格要800

[①] 1磅≈453.6克。——编者注

亿德国马克①，1磅肉的价格更是高达9000亿德国马克。人们去买东西的时候不得不用大车装着纸币，当时甚至还发行了1兆面额的德国马克纸币。

恶性通货膨胀导致钱的价值大幅下跌。图为当时孩子们正在用钱搭积木。

有人更是因为柴火太贵而直接点燃纸币来生火。当时还发生了一件让人哭笑不得的事。有位老奶奶把钱装在篮子里去买牙签，就在她和售货员交谈的时候，小偷居然把她的篮子偷走了，钱却留下了。之前我们说过通货膨胀对持有物品的人有利，而这就属于一个极端的现象。钱的实际购买力如此暴跌，人们自然

---

① 原德国货币单位，2002年7月停止流通。——编者注

也就不想要钱了,经济也就会随之陷入凋敝。

大家以前有没有这样想过?如果国家多印钱并分给每个人的话,那所有人就都能变成富翁了。可这样的事情绝对不能发生。因为如果没有生产力的提升却只一味印钱的话,就会导致恶性通货膨胀的发生。

恶性通货膨胀会导致经济混乱,人们不再使用货币,使经济贸易形式退回到物物交换的水平。所以,人们在发展经济的同时也必须要时刻注意避免恶性通货膨胀发生。

物价持续上涨是通货膨胀，物价持续下跌是通货紧缩。
物价上涨就一定不好吗？不是的。物价上涨的话，米店的主人会比以前赚得更多。
最近物价一直涨，连米都要买不起了。
米
20kg
今天和昨天卖的米一样多。可因为物价上涨，赚的钱比昨天更多呢。
不过也存在经济不景气但物价却持续上涨的情况。这种情况叫作停滞性通货膨胀。
停滞性通货膨胀
过去即使发生经济问题，政府也不会积极干预；现在政府会积极干预，寻找各种应对方案。
经济不景气，物价持续上涨，人们都不买米了。
现在我失业了……
遍体鳞伤的经济
如果发现经济有问题，就得想办法解决！
政府

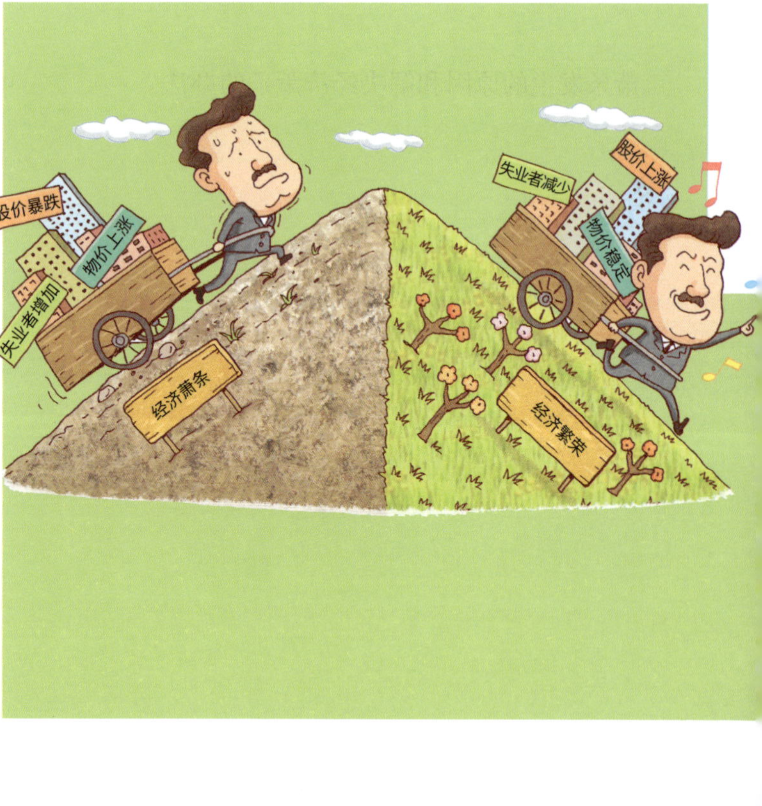
股价暴跌
物价上涨
失业者增加
经济萧条
失业者减少
股价上涨
物价稳定
经济繁荣

第二章

经济为何陷入萧条

　　上一章我们了解了和经济萧条有关的各种概念。这一章我们将通过各种事例来了解经济萧条发生的原因和解决经济萧条的办法。

经济循环周期：过山车般的经济

前面我们一起了解了通货膨胀与通货紧缩、经济繁荣与经济萧条，以及停滞性通货膨胀的概念和这些概念之间的关系。经济不可能一直繁荣，那么为什么会出现经济萧条呢？知道了经济萧条的原因是不是就能预防经济萧条了呢？

在了解经济萧条的原因之前，我们要先来了解一下经济周期的几个阶段。经济繁荣期和经济萧条期是交替出现的,这种现象叫作"经济循环周期"(图2-1)。就好像大家有时会和朋友相处得很好,有时也会和朋友吵架一样,既有开心的时候,也会有郁闷的时候。经济也一样,既有好的时候也有不好的时候,就像过山车一样不断攀升,然后又突然下落。

经济周期大体分为四个时期。第一个时期

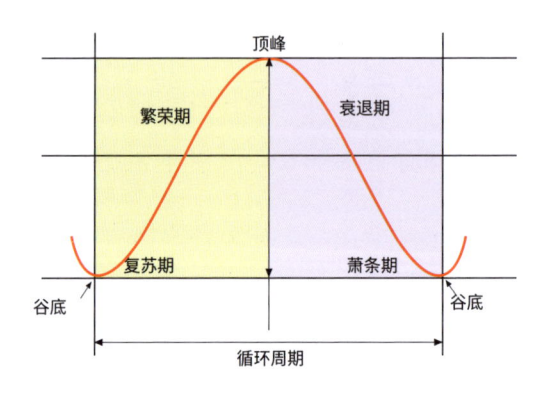

图2-1 经济循环周期

是"复苏期",即经济从极为糟糕的状态中逐渐复苏、好转的时期。在这个时期里,商品开始恢复销售,人们也能找到工作了。

第二个时期是"繁荣期",即经济状况最好的时期。这个时期的商品充足,大部分想要工作的人都能找到工作。人们可以买很多好吃的东西,也能尽情地按照自己的需求消费。繁荣期的终点叫作"顶峰"。这时的经济虽然达到顶峰,不过也已经显现出了经济衰退的迹象。

这之后经济就会进入第三个时期——"衰退期"。在这个时期里,商品开始不好卖了,企业也开始解雇员工,困难时期正式开始了。

最后的第四个时期是"萧条期",即经济最糟糕的时期。商品卖不出去导致大量企业倒闭,随之也产生了大量失业者。萧条期中最糟

> 经济循环周期过程中,从谷底尚未完全恢复时又再次降至谷底的现象叫作"二次探底"。

糕的最低点叫作"谷底"。

从谷底到顶峰,再从顶峰到谷底的过程叫作"经济循环周期"。经济大体上就是按照这个循环周期波动的。

库存
　　就是储存在仓库的商品,表示尚未卖出去的商品。

下面我们来具体了解一下推动经济周期发展的各种要素。首先是库存出现问题。企业生产商品是为了卖给消费者,由于不清楚会有多少消费者会买,企业会生产出一定量的商品后储存在仓库中等待销售。这些储存在仓库里的商品就叫作"库存",而对这些商品进行管理叫作"库存管理"。库存管理的重要程度不亚于生产商品。

那么应该如何理解库存对经济周期的影

响呢？

企业生产大量商品把这些商品储存在仓库里待售，结果却面临需求减少，商品开始卖不出去了。那么，企业生产这些商品所投入的成本就收不回来，经营就会变得困难，进而开始解雇员工。家庭里也会出现同样的问题。父母买了很多东西放在家里备用，结果后来这些东西都没用了，只能扔掉。这种情况如果反复发生，家庭的经济状况就会出问题。

如果长期放在仓库的商品又开始卖出去了，就表示经济开始进入繁荣期。这种现象就像坐过山车时向上攀升的过程一样。

下面再来看看第二个例子，也就是技术创新对经济周期的影响。冰箱和电视刚发明出来时都发生了什么？人们都争先恐后地购买冰箱和电视，经济也随之变好了。大家还能想到其他例子吗？想想苹果公司的手机。新闻上说苹果手机开售的第一天，人们为了能最先买到手机，提前就到店门前熬夜排队了。这些技术创新对经济有积极的推动作用。

> 创新开展新业务的企业就会创造出新的工作岗位，从而给整个经济注入活力。所以企业家的创新精神是经济增长必不可少的要素。

各种技术创新涌现，经济就会好转。相反，如果缺少发明或创新，经济就会变差。因此，企业家们也要为经济的发展付出努力。也就是说，经济发展需要更多像苹果公司前首席执行官史蒂夫·乔布斯（Steve Jobs）这样的人。优秀的企业家会为经济发展带来帮助。

最后我们再来看第三个例子，这个例子

也和发明有关。不过这里指的不是某一种商品的发明,而是能够掀起革新的

> 技术创新能在不额外投入劳动或资本的情况下增加生产,是经济增长的重要因素。

发明,从而使经济发生质变。最具代表性的要数铁路和电力的发明了。铁路不只是单纯的交通工具,更大大缩短了城市间的距离。铁路出现以后,商品运输变得更加容易,商品的交易也随之增加。人们出门旅游也是从铁路诞生后开始显著增多的,铁路的诞生催生和激活了旅游产业。

电力的发明也一样。随着电力的普及,我们有了电灯和电话,现在的暖气很多也是由电力驱动的,所有电子产品都需要用电。现代社会没有电的话会怎么样呢?冰箱、洗衣机、手机等生活必需品几乎都没法正常使用了。光是

想想就够可怕的了。可以说，电力是创造经济繁荣的伟大发明，也可以说是现代经济发展的源泉。

近年的信息技术（Information Technology，IT）革命也可以看作是伟大的发明。互联网、超高速通信、电脑、智能手机、电子计算机系统等电子信息技术已经不可或缺。所以说我们前面提到的史蒂夫·乔布斯和比尔·盖茨（Bill Gates）这些发明家非常了不起。

造成经济萧条的原因

下面我们来了解一下造成经济萧条的成因。有很多学者提出了很多造成经济萧条的原因。首先，一些学者认为如果货币供应量出了问题，就会引起经济萧条或繁荣。按照这个思路推导，如果政府没能管理好货币，就会陷入经济萧条期，反之则会迎来经济繁荣期。下面我们举例说明。

政府负责发行钱（货币），可一旦发行过多会出现什么情况呢？会发生恶性通货膨胀，经济也会陷入困难。相反，市场上的商品非常多，可用来支付的钱却不够，这会出现什么情况？经济当然也无法正常运行。

重视货币的学者们主张政府应该妥善管理、发行货币。需要时多供应，

> 如果税收收入不充足，额外发行货币并用于政府支出也能刺激经济发展。

不需要时少供应。他们认为管理好货币，经济就能好。家庭记账也可以看成是管理货币；公司管理钱财叫财务管理，这对公司的经营非常重要，此外还有负责专门管理财务的认证会

计师。

下一个是凯恩斯的理论。他表示有效需求不足会导致经济萧条。人们手里有钱才能购买商品，商品卖出去了企业才能正常运转，企业运转良好才能雇人和纳税。反之，人们没钱就买不了商品，商品卖不出去企业经营就会困难，企业经营困难员工的生活也会变得困难，最后企业和民工就连纳税都变得困难了。这种现象如果反复发生，经济状况就会恶化。美国经济大萧条的原因也是这种具有购买能力的消费者的有效需求不足。这个观点和重视货币的学者们的主张相反。不过这两个观点都是关于经济萧条成因的重要理论。

此外，熊彼特主张技术创新是影响经济周期的重要原因。还有一些学者主张其他国家的经济状况可能也会导致一个国家的经济好转或恶化。

从上面这些理论我们可以看出,经济萧条不是由单一原因造成的。有效需求不足导致经济萧条的说法虽然不是绝对的,但可以说是最重要的一个原因。另外,不同时期造成经济萧条的原因也有所不同。所以对经济来说,时机非常重要。

扩展知识

应该由国家来制定商品价格吗

戴克里先（Diocletianus）是罗马帝国的一位皇帝。他的父亲是一个被释放奴隶，能以这样的出身成为罗马皇帝，说明戴克里先是一位非常了不起的人。他也是罗马帝国唯一一位自己主动退位的皇帝。

戴克里先在位时，罗马帝国正因内战和对外战争不断衰落。作为皇帝的戴克里先对军队、货币和财政进行了改革，而且还收复了曾经失去的殖民地，他通过改革为罗马带来了繁荣。

当时的罗马帝国因为之前几任皇帝的荒淫无度和连年战争，导致通货膨胀非常严重。戴克里先为了重振罗马经济，帮助

罗马帝国皇帝戴克里先

罗马人民走出困境，颁布并实施了《最高价格法》。《最高价格法》是指由国家制定商品价格区间，并管控商品价格不超过此价格区间。国家制定了小麦、大麦、蔬菜、水果、鱼类、服装等1000多种商品的价格。违反这些法律定价的人最重会被判处死刑。戴克里先认为这个举措能让物价稳定下来，经济好转，罗马人民的生活将重新繁荣起来。

起初,这个方法确实起到了积极效果,但后来就逐渐发生了很多意料之外的情况。商人们因为赚不到钱而不再卖商品,非法交易的黑市随之形成。戴克里先认为这些商人有罪,对他们不卖商品进行了处罚,甚至对不再当商人的人也进行了处罚。这是因为戴克里先认为商品价格昂贵是由商人们的贪欲所致。可结果却是因为赚不到钱,没有人愿意再做买卖,最终《最高价格法》也被废止。

经济不可能一直好下去，会按照一定的周期波动。
咱们公司完了。
挺过这次的难关就会好的。
拍
经济循环周期大体可以分为四个阶段：复苏期、繁荣期、衰退期、萧条期。
经济
轰隆隆……
咱们的经济现在就要腾飞了！
陷入经济萧条的原因多种多样。最有代表性的是有效需求不足。
看来最近大家都很困难啊。
公司经营困难，连工资都发不出了。
叮当！
为了重振经济，不仅需要技术创新，也需要政府积极采取措施。
N
S
M
我们成功研发出了智能手机，还得到了政府的支持，公司摆脱了危机。

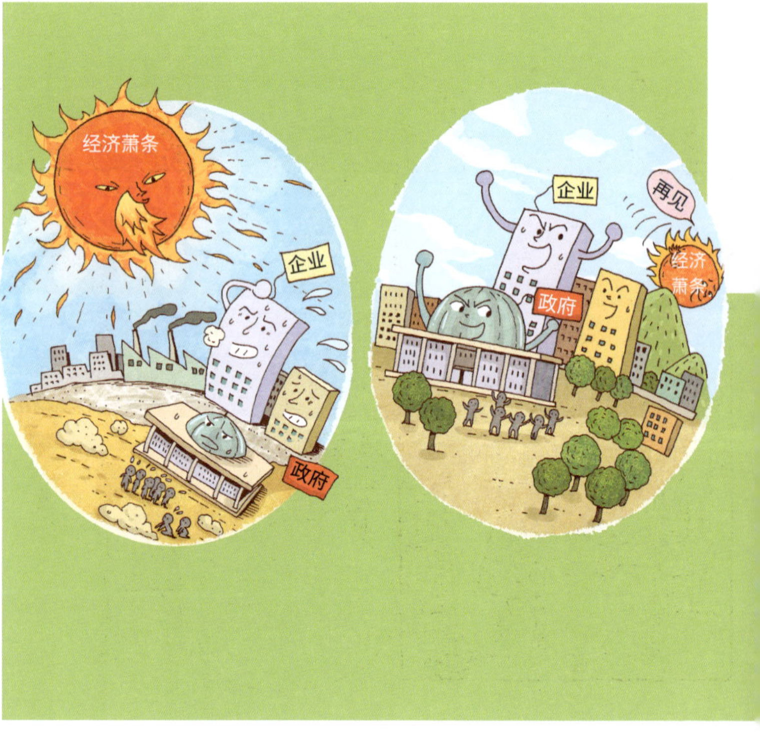
经济萧条
企业
政府
企业
再见
经济萧条
政府

第三章

经济萧条总是存在吗

　　历史上曾发生过很多次经济萧条。有些经济萧条的程度较轻，很轻松就被解决了。而有些经济萧条非常严重，给人们造成了极大痛苦。这一章我们将通过历史上几次非常有代表性的经济萧条来探索应对今后经济萧条的方法。

"黑色星期四"引发的美国经济大萧条

一直以来,关于经济萧条的原因和应对方法始终争论不休。现在我们将通过回顾以前发生的经济萧条来寻找解决问题的方法。

1929年10月24日原本是个稀松平常的星期四,结果却成了美国人记忆里永远挥之不去的日子。那天,纽约证券交易所的股价突然以超乎想象的数字开始暴跌。人们把这天叫作"黑色星期四"。自此以后,凡是股价暴跌的日子，前面都会被加上"黑色"二字。

破产
表示丧失全部财产，倒闭。

"黑色星期四"的发生颠覆了人们的生活。股价暴跌让人们的财产变成一堆废纸。人群涌到银行想取回自己的存款，导致美国5000家银行破产。随之而来的就是经济大萧条。

纽约证券交易所

随着大萧条的降临，美国开始出现各种前所未有的危机。商店里虽然堆满了商品，可人们却没有钱买。因为商品卖不出去，店主最后只能关门。

工厂的处境也一样。商品卖不出去导致

库存积压，工厂不得不倒闭，工人们全都被解雇，他们的家庭也迅速陷入困境。仓库里的食品不断堆积，人们却在忍饥挨饿。过去人们都是因为没有食物才挨饿，现在居然在食物充足的情况下却还要挨饿。这次发生的经济萧条其严重程度远超一般的经济萧条，因此被称为"大萧条"。

这次的大萧条并没有止步于美国，而是蔓延到了全世界。随着美国经济的恶化，那些和美国有贸易往来的国家也开始受到大萧条的影响。全世界都被笼罩在了大萧条的阴云之下。下面的几组统计数据就足以说明这次的大萧条究竟有多严重。1930年美国的失业者人数为300万人，到1933年失业者人数增加到了1500万人，全世界的贸易量缩减了70%。

那么经济大萧条是如何发生的呢？关于大萧条的原因分析存在许多看法，很难说哪个看法一定是对的。不过有一点可以肯定，"看不见的手"是不可回避的原因之一。"看不见的手"源自亚当·斯密（Adam Smith）的理论，主张市场经济会根据市场供给和需求的变动自动对资源进行合理分配。

在大萧条发生之前,几乎所有经济学家都把这个理论奉为真理。因此他们想当然地认为无须采取特别措施也能渡过大萧条。他们认为如果物价便宜,商品就会好卖。如果工作岗位稀少,即使工资低人们也会做。这些人拿到工资后就会买东西。这样经济就会自动转向繁荣。

然而他们想当然的事并没有发生。日复一日、年复一年,大萧条简直没有尽头。这时,凯恩斯对大萧条发生的原因提出了不同看法。他认为:无论物价多么便宜,人们如果连买东西的钱都没有,商品自然就卖不出去;无论工作再难找,如果工资很低,人们也不会勉强就业。

> 周期性失业是由于整体经济的支出和产出水平下降，即总需求不足而引起的短期失业，一般出现在经济周期的萧条阶段。

在凯恩斯提出这些理论之前，经济学家们认为实际上并没有真正意义上的失业者。他们认为劳动者处于失业状态是因为懒惰。凯恩斯则认为劳动者可能会在不情愿的情况下成为失业者，因为存在人们想工作却不能工作的情况。

因为对大萧条产生原因的看法不同，凯恩斯提出的解决方法自然也不同。他认为政府要创造有效需求，不仅要拨款，还要开始进行铺路、盖大坝、建学校和医院等基础设施建设。为了满足建设需求，政府会开始雇人，人们拿到工资后就可以开始买东西。企业为了制造这些商品也会重新运转起来，由此引发经济的良性循环。

有趣的是,最先实施这种政策的人其实是阿道夫·希特勒(Adolf Hitler)。希特勒虽然没学过凯恩斯的理论,但当时德国正处在经济十分糟糕的大萧条时期。当时政府开始修建道路,还建了警察局和监狱。另外为了准备战争,德国还开始制造武器并建设战斗机飞机场。就这样,德国的经济开始好转起来。这可以说是历史的一大讽刺。

在美国,罗斯福总统通过颁布并实施"罗斯福新政"实践了凯恩斯的理论。

工会
旨在提高劳动者的社会和经济地位而成立的劳动者组织。

他主持建设了大量基础设施,还为了保护劳动者权益制定了保护工会的法案。在此之前,劳动者们势单力薄,经常拿着微薄的工资。现在劳动者们的权益得到保障,他们拿到

第三章 经济萧条总是存在吗 ◆ 53

了丰厚的工资，收入变多了，有效需求也就跟着创造出来了。

大萧条的发生给人们带来了许多改变。人们不再奉"看不见的手"为真理，开始认为经济需要"看得见的手"来干预，也就是政府应该在经济中发挥作用。现在我们熟悉的累进税、社会福利、工会、中央银行等制度全都是在大萧条发生后产生的。反对凯恩斯理论的学者也不再像大萧条以前那样坚持自己的主张。因为大家都从大萧条中得到了教训。

> **累进税**
> 指随着收入金额的提高而适用更高税率的税金。因此，累进税具有改善收入分配的效果。

日本"失去的十年"

大家都知道银行是干什么的吧？银行的工

作是接收人们的存款或借钱给人们。银行借出钱以后再连本金加利息一起收回来。还钱时要偿还借款按一定比率计算出的利息，这个比率叫作"利率"。

之前我们说过政府对经济的适度干预非常重要。政府的干预工具之一就是利率。政府也有银行，就是中央银行，也可以看成是银行的银行。中央银行把钱借给其他银行并收取利息，而决定利息的利率，也就是中央银行的利率会成为其他银行的利率的标准。这些银行从中央银行借来钱后，再把这些钱借给其他个人或企业。下面我们就来简短了解一下这个利率是如何调节经济的。

大家的父母都有过去银行存款的经历。父母把钱存在银行之前都会先找到一个利率高的银行。这是为什么呢？因为这样以后能在存款到期后拿到更多的钱。正因如此，当政府认为市面上流通的货币量过多时就会提高利率。这样就会有更多的人把自己的钱存到银行。

相反，如果政府认为市面上流通的货币量太少导致经济情况较差时，就会降低利率。这样人们就不会把钱存在银行，而是会用这些钱买东西或者投资事业。父母考虑用钱投资股票还是买房子就属于这种情况。如果用这个钱投资股票或者买东西，就会促使企业生产更多产品，经济也会随之好转。

日本原来就是利用这个方法保持经济良好运行，后来却突然发生了让这个方法不再有效的事。日本经济曾在相当长的时间里保持繁荣，却在1991年开始恶化。日本的中央银行因

第三章 经济萧条总是存在吗 ◆ 57

此调低了利率，他们认为调低利率后经济就会重新好起来。

不过即使不断调低利率，经济情况依然没有好转，人们既不购物也不投资，利率最终降到了0，经济当然也没有好转。利率已经为0，人们本应不把钱存在银行，市面上流通的货币量本应因此过剩，可市面上却看不到钱。这个让人无法理解的情况持续了十年之久。日本人把这段时期叫作"失去的十年"。

日本的经济情况在那之后如何呢？从2003年起，得益于面向中国和美国的出口增加，日本经济开始复苏。可即便如此，日本经济再也没能回到当初的繁荣。

利率低到0的时候该怎么办呢？关于这个问题有很多争论。我将在后文进一步说明。

韩国金融危机

1997年，韩国发生了金融危机。当时无数人都陷入了巨大的危机和困难。那年不只韩国，很多亚洲国家都像多米诺骨牌一样接连陷入了金融危机。

这场危机最初开始于泰国。1997年以前，许多国家对泰国进行了投资。但这些投资都很草率，导致众多企业纷纷倒闭。泰国政府为了克服危机付出了诸多努力，却毫无效果。向泰国投资的外国企业打算带着投资款撤出泰国，泰国的外汇储备开始见底。"外汇储备"是指一个国家持有的外国货币的量，主要以美元作为标准。外汇储备见底意味着该国无法购买外国的产品或服务，也难以从外国借到钱。除了泰国,印度尼西亚也遭遇了这种危机。

韩国也没能躲过这次席卷亚洲多国的金融危机。1997年,许多此前投资韩国的外国金融企业开始携款退出。韩国的外汇储备也开始见底,政府不得不向国际货币基金组织借钱。面对这次危机,韩国无力独自解决,只能求助于国际金融机构。大量企业因此破产倒闭,无数人失去了工作,无数的家庭陷入困境。

类似于美国经济大萧条的事在韩国发生了。为什么会这样呢?是因为韩国和其他亚洲国家做错了什么吗?

简单来说,是因为失去了信赖。主张市场会根据供给和需求自发调节经济的经济学家认为人的心理不会给经济造成影响。事实上并非如此。大家可以假设一下自己把钱或者东西借给了朋友。如果朋友按时把钱或东西还给你，那就没问题。可如果从某个时候开始，你从别人那听说那个朋友经常不遵守还钱日期或者不遵守和朋友们的约定，你会怎么做呢？你应该会催促那个朋友让他尽快还钱给你吧。

这样的事在国家层面也会发生。如果一个人把钱存在了银行，后来却听

> **挤兑**
> 银行的大批储户同时要求提取其存款的行为。

说这家银行经营不善，他会怎么做呢？当然是想马上把钱从银行取出来。可关键是不止一两个人这么想，所有把钱存在这家银行的人都想这么做，这会导致什么后果？这种现象叫作"挤兑"。挤兑一旦发生，银行无法支付所有储户的存款，只能宣布破产倒闭。这样我们就能知道，信赖，也就是信用对经济到底有多大的

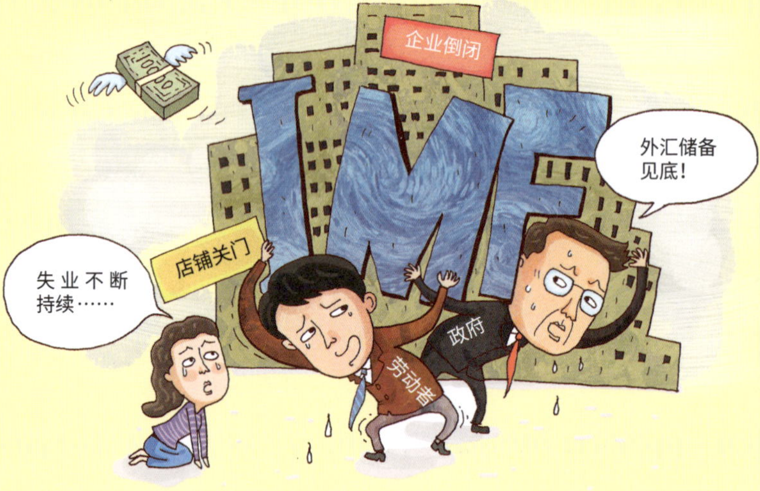
失业不断
持续……
店铺关门
企业倒闭
IMF
外汇储备
见底！
劳动者
政府

影响。

国家之间也是同样的道理。泰国的经济情况恶化，导致与周边国建立的国际信用关系破裂，使得经济危机这个"传染病"蔓延到多个国家。而全球化又是导致"传染病"迅速蔓延的原因。

当时的韩国人民为了拯救国家经济而捐献黄金，又经历了痛苦的结构重组才克服了此次金融危机。不过这次危机虽被克服，但市场经济存在的本质问题并没有得到根治。

> **结构重组**
> 企业整改不合理的结构来提高工作效率。

无法阻止的全球金融危机

亚洲金融危机过后，美国开始以新经济为

名发展经济。可问题在于美国并没有吸取过去的教训。因为当前的经济运行状况好,所以就把过去的问题抛到脑后了。而问题就这么一直存在,终于在2008年演变成了经济危机。美国的经济为什么会出现这样的问题呢?

截至目前,美国是世界第一大经济体,对其他国家经济的影响十分巨大。美国的各个产业都十分发达,尤其是金融产业。金融产业简单来说就是和钱有关的产业。银行、证券公司、保险公司、信用卡公司和投资公司等从事金钱借入和借出业务的企业都属于金融产业。美国纽约有一条街叫"华尔街",那里是全世界的金融中心,汇集了全世界最顶尖的金融企业,无时无刻不在进行着数额巨大的金融交易。问题就是从这里开始的。

步入21世纪的第一个十年，美国的经济不断变好，人们开始热衷于买房子。在美国，人们通常不会用存款买房，而是通过"抵押贷款（Mortgage）"的方式买房。抵押贷款是指银行把钱借给人们用来买房。"担保"是指为了应对借款人无法还钱，当出现这种情况时，借款人要提供物品等抵债。适用到买房的情况就是，当借款人无法还贷时，银行会收回房子用来抵债。

> 人们在购买房产或汽车等高价商品时通常会贷款或分期付款。这时，利息成本的多少就成了决定人们是否购买的重要因素。在一般情况下，利率下降会使消费增加、储蓄减少。

许多金融企业通过抵押贷款把钱借给人们。人们就算没有存款也能买房，因此人们自然愿意这样做。此时的金融企业还会在借钱之前调查借款人今后有没有能力还钱，一般叫作

"信用调查"。不过由于当时美国的经济繁荣，人们赚钱又多又轻松，金融企业就开始懈怠调查了。而信用在市场经济环境中非常重要。信用好就容易借到钱。比如大家把钱借钱给朋友。如果这个朋友按时还钱，那他下次借钱的时候你还会借给他。相反，如果这个朋友借钱不还，那下次你就不会再借给他了。

可问题是，当时即使是信用不好的人，银行也会把钱借给他们用来买房。人们只要交贷款利息就能买房，于是很多人就开始借钱买房。等到所有人都开始买房，房价自然也就水涨船高了。而随着房价上涨，人们打算赶在房价继续上涨之前尽快买房。因为房地产升值以后能赚更多的钱，所以人们宁可举债也要买房，所有人都以为自己能靠倒卖房产成为富翁。

把钱借给信用不良者的抵押贷款叫作"次级抵押贷款",因此全球金融危机的开端也被称为"次贷危机"。

像这样所有人都成了富人,为什么还会发生次贷危机呢?简单来说是人们的欲望和自负造成的。先说欲望。我们每个人都有欲望。我们应该控制自己的欲望,可很多时候我们又没法控制。人在赚了很多钱以后就容易忘乎所以。金融企业认为市场能够自我调节。政府也因为从表面上没看出什么问题,所以没有给予足够的重视,认为市场会妥善解决问题。

可是到了2008年,之前一直处于繁荣状态的经济开始出现问题。金融企业把房子当作担保借钱给人们。在这样的情况下,只要房价

保罗·克鲁格曼：经济危机

持续上涨就没有问题。因为如果借款人无法还钱,银行还可以卖掉房子。可问题就在于这时房价也开始下跌,而且是暴跌。同时经济状况也开始变差了。这些状况叠加在一起,之前用房子做担保的借款人开始无力还钱了。人们没钱就需要卖房子还钱,但由于房价暴跌,就算把房子卖了也还不清债。更大的问题是,这时房子也卖不出去了。这种情况持续发展,导致众多金融企业开始倒闭。

华尔街的金融企业此前为了预防无法收回借出去的钱,都买了保险。如果无法还钱的人不多,那么通过保险就可以解决。可是这样的事情实在太多了,保险公司一下子也拿不出那么多的保险金,所以保险公司也开始接连倒闭。

随着美国的保险公司相继倒闭，银行、证券公司等金融企业也开始倒闭。由此导致人们都涌到银行想要取回自己的钱，造成挤兑。由此金融系统开始陷入瘫痪。更严重的问题是，美国的其他企业和别的国家也大量购买了美国金融企业通过抵押贷款创造的各种金融产品。正是由于这个原因，美国最大的汽车制造商美国通用汽车公司破产倒闭了。并不是因为它们的汽车卖不出去，而是因为企业错误地购买了金融产品。

这次金融危机还扩散到了欧洲等地，像传染病一样蔓延到了全世界。这是随着全球化的发展所不可避免的。许多经济学家都认为市场开放只有好处，但市场开放确实也存在着一个国家的经济问题会发展成全世界经济问题的坏处。

这里还有一个重要的问题——连创造了抵押贷款金融产品的人们，都没有想到这个产品可能会导致全世界陷入金融危机。政府本应通过干预防止这类事情发生，实际上却毫无作为。华尔街有数千名经济专家，可任谁也无法阻止这次全球金融危机的发生。美国等众多国家为了摆脱金融危机付出了巨大的努力和金钱，但2008年的全球金融危机造成的影响直到现在仍在不断持续。

> 当今时代，人们在不同的国家间不仅可以十分自由地移动，还能通过计算机网络实时联通。因此一个国家的金融危机会瞬间扩散成整个世界的危机。

> 扩展知识

经济也要老师教

自亚当·斯密提出"看不见的手"的理论以来,信奉市场经济的人都主张政府不可以干预市场。他们提出市场会根据供给和需求自发调节,人们也会通过理性的判断采取行动,所以政府不应插手干预。可事实真的如此吗?

大家都明白不可以在上课时间大声喧哗吧?可大家还是会和小伙伴们嬉

诺贝尔奖章

闹。我们都知道垃圾食品对身体不好，可还是会吃。我们也知道想提高成绩就要好好学习，可还是有很多人只顾着打游戏而不学习。

人们一直都会做出理性的思考和选择吗？不去思考就行动的情况不是也很多吗？经济决策也一样。获得1978年诺贝尔经济学奖的赫伯特·西蒙（Herbert Simon）曾表示，人的思考和行为本来就不会一直保持理性，人的能力也存在局限。世界太过复杂，而人的能力又存在局限，即使获取的信息再多也都一样。我们虽然能通过新闻和互联网等媒体获取无数信息，却无法准确判断这些信息。

因此，市场也需要政府来干预和监督。太过重视市场经济的人们都认为政府不值得信任。不过我们在说市场需要政府干预的时候,并不是说政府能比市场更聪明地进行调节,而是说政府也会犯错,不过政府介入市场能够防止市场失灵。

经济萧条从很久以前就一直存在了，是无法避免的。

全世界范围内发生过的经济萧条中最有名的是1929年美国发生的"黑色星期四"。

股票暴跌！

妈妈，咱们是因为交不起房贷所以被赶出来了吗？

美国陷入经济大萧条的泥潭，产生了失业者急剧增加等经济问题。

没工作啊。

求职！

求职

美国总统罗斯福推行新政，通过建设水坝或道路等大型基础设施创造工作岗位，克服了这次危机。

我在政府的建设工地找到工作了。

终于能赚到生活费了。

美国经济大萧条过后，经济萧条依然在世界各地发生。为了度过萧条，所有人都必须携手合作。

经济萧条

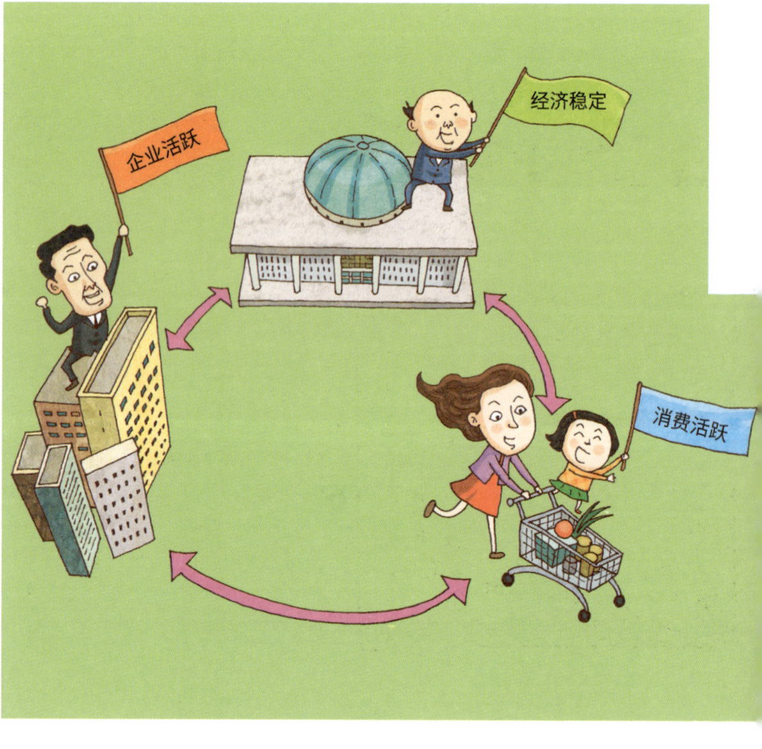
企业活跃
经济稳定
消费活跃

第四章

应该如何应对经济萧条

前面的内容中,我们学习了有关经济萧条的经济理论和产生原因。这一章将介绍战胜经济萧条的具体方法。让我们在思考经济萧条的产生原因和应对对策的同时,一起观察经济运行过程中出现的各种问题吧。

解决经济萧条的两个手段

世界各国携手付出了巨大努力,暂时度过了2008年全球金融危机中的困难。在美国,无数金融企业因这场危机而破产倒闭,其中不乏像雷曼兄弟公司这样的世界级企业。由于这些金融企业破产,之前从那里借钱的无数企业也相继倒闭,进而导致劳动者们失去了工作。经济萧条就这样给一个国家、社会,乃至家庭带来了巨大影响。为了拯救破产倒闭的金融企业和其他企业，国家投入了巨额金钱。虽然经过这些努力，危机看似已经过去，可欧洲又开始出现其他问题。金融危机让欧洲的几个国家迎来了意想不到的萧条。

在了解这部分内容之前，先来简单介绍一下欧洲的特殊情况。欧洲虽然有多个国家，但在经济上可以看成是一个共同体。这是因为欧洲很多国家都使用统一的货币。大家听说过"欧元"这种货币吗？欧洲的很多国家都使用欧元。几十年来，欧洲一直在努力成为一个共同体，欧元的诞生就是这些努力取得的成果。各国使用统一的货币以后，人们去别的欧盟国家时也不用兑换外汇了，所以十分方便。

> **欧元**
> 欧盟的法定货币。1995年12月召开的马德里首脑会议决定到2002年实现欧盟货币单一化，目前欧盟国家一直在使用欧元。

当然，这么做也并非没有缺点。统一货币对欧盟中的富裕国家不会造成什么负面影响，可却造成了经济状况比较困难的国家的物价上涨。如果在以前，那些国家使用自己的货币，就能把物价控制在较低的水平，可现在却因为统一货币没法这么做了。

这个意想不到的问题让一些国家陷入了经济萧条，希腊是第一个。希腊人民陷入失业之苦，国家也没钱偿还向其他国家借的钱。随着希腊陷入经济萧条，葡萄牙、西班牙甚至意大利都开始接连发生经济萧条。欧洲实际上是一个紧密相连的经济共同体，所以这种经济"传染病"更加容易蔓延。我在前面也说过，经济封锁虽然存在缺点，可经济过于开放也会让一个国家的经济危机轻松蔓延到其他国家。正因如此，欧洲的危机开始扩大到全世界，而且直到现在都没彻底解决。

> 政府的生计叫作"财政"。财政由财政收入和财政支出组成。政府为了保持经济稳定，对税收政策和财政支出进行总需求的调节就叫作"财政政策"。

许多经济学家和政界人士一直在努力克服经济萧条。克服经济萧条的办法大体有两个，分为花钱的办法和管钱的办法。花钱的办法叫作"财政政策"，管钱的办法叫作"货币政策"。

首先，财政政策以凯恩斯率先提出的理论为基础。凯恩斯主张政府要主动花钱来搞活经济，也就是要创造有效需求。美国总统罗斯福当时接受了凯恩斯的理论，推行了开发田纳西河水利工程等多项国家事业，努力重振经济。

现在几乎所有国家都

> **田纳西河**
> 流经美国东部田纳西州的河，也是全世界最大规模灌溉和水力发电系统的核心。

在使用财政政策。国家通过财政政策建设道路、桥梁、机场和港口等基础设施。负责这些工程的企业由此被激活,企业雇用的工人数量增多,人们的家庭经济状况就会跟着好转,而劳动者又会基于富裕的家庭经济状况开始购物消费,从而推动经济复苏,这就形成了良性循环的经济结构。

人们去医院治病后交的诊疗费不是由个人全部负担,其中的一部分由医疗保险基金承担。我国的社会保险制度包括在工作过程中受伤或生病时给予补偿的工伤保险,被工作单位解雇时给予失业补助的失业保险,达到退休年龄后无法继续工作时领取的养老保险,前面提到的医疗保险,以及为生育职工提供必要经济补偿和医疗保障的生育保险。这些保险的作用不仅限于为公民提供福利，同时也是为了提振经济。

如果我们在工作过程中被解雇或者出现了伤病，自然就没法继续工作，也就失去了收入来源。没有收入就不能消费。而人们不消费会导致企业没法继续生产商品。这样的循环不断加深，经济就会陷入困境。不过如果有上述的保险制度，就能防止人们在困难的时候失去收入，进而也就能阻止经济萧条进一步加重。

接下来再说货币政策。"花钱就能搞活经济"这句话，就算不动用复杂的经济理论我们也能比较轻松地理解。可大家能理解"管好钱经济也会变好"这句话吗？之前在讲利率的时候我简单介绍过，人们的经济行为会随利率的变化而改变。利率高时人们会怎么做呢？会把自己的钱存到银行。这时人们不想把钱用于投资，而是想通过把钱存在银行获得利息。因为只要利率高，光存钱就能比较轻松地赚钱。

反过来，利率低时人们会怎么做呢？人们就不会把钱存到银行了。我们再进一步思考，人们遇到通货膨胀的时候会怎样做呢？大家都知道这时借出钱的一方会受损失，而把钱存到银行就相当于把钱借给银行。比如，存款的利率是3%，可物价却上涨了5%，这表示什么呢？说明就算你得到了利息，实际上还是损失了2%。所以人们在利率低的时候不会把钱存到银行。

货币政策就是利用利率的这种性质来调节经济。经济萧条的时候利率就会降低。利率一降低，人们就不会把钱存到银行，而是进行消费或投资。这样商品就能卖出去，企业得以运转，经济也会开始好转。此外，货币政策还有一个优点，就是在经济繁荣出现严重的通货膨胀时也能使用。只要提高利率，人们就会把钱存到银行，这样卖出去的商品就会减少，进而就能降低物价，减少市面上流动的货币，从而缓解通货膨胀。像这样妥善管理好货币就能战胜经济萧条。

只要大家知道了财政政策和货币政策这两个概念，就能在看报纸或新闻时更好地理解经济方面的报道。因为大家知道经济是如何运行的，也知道政府在采取什么措施应对。学到这里，可能有的人会想："如果同时使用财政政策和货币政策的话，那经济应该就会更好。"可事实并非如此。所以在过去的几十年里，一直存在应该多实施财政政策还是应该多实施货币政策这两个对立的主张。

政府是不可缺少的吗

下面我们将会了解两个关于经济萧条解决方法的重要主张。关于应该如何克服经济萧条，长期以来一直存在争论。其起点始于美国经济大萧条。在大萧条之前，几乎所有经济学家都认为市场经济可以自行调节，无须政府额外干预。所以在大萧条降临后，政府也没有采取措施，经济也没有好转。这时凯恩斯主张政府应该出面干预来克服萧条。根据其主张实施的罗斯福新政也确实克服了大萧条。

不过，仍有很多经济学家反对凯恩斯的主张。他们不认为是凯恩斯的理论让美国摆脱了大萧条。不过他们也不再像以前那样坚持什么都不做就能克服经济萧条的主张，转而主张政府应该只采取财政政策或只采取货币政策。

支持凯恩斯的主张的人们普遍认为政府应该主要实施财政政策。政府花钱建造国家所需的基础设施、向困难的人们提供福利，这样不仅能使基础设施得到提升和让人们获得福利，还能使经济向好的方向发展。

财政政策给人们带来福利的同时又能提振经济的"一箭双雕"效果，一直到20世纪60年代都有效。可到了20世纪70年代，随着停滞性通货膨胀的发生，凯恩斯的主张也开始受到冲击。因为这时采取了财政政策后带来的只有物价上涨，却没有产生其他效果。

主张货币政策更重要的经济学家基本上都

相信市场的自发调节功能。他们认为即使遇到萧条，市场也能自发调节。但在吸取了大萧条的教训后，他们认为政府必须对货币进行妥善管理。所以现在政府会在经济变差时通过降低利率来重新激活经济，也会在经济趁着上升势头要出现物价上涨时通过调高利率使经济重回

第四章　应该如何应对经济萧条 ◆ 89

正轨。

财政政策和货币政策中没有哪个是绝对正确的答案。不过有人主张认为只凭货币政策克服经济萧条存在局限性，所以也需要采取财政政策。大家应该也苦恼过到底是把零用钱用掉还是存起来吧？虽然把钱都存起来好像不错，但在遇到需要的学习用品或者必须要读的书时，不买反而会受到更大损失。所以要根据实际情况思考如何使用零用钱。选择使用财政政策和货币政策时也是如此。

政府该如何花钱

对于开始于2008年的经济危机，虽然众多国家在努力下摆脱了最糟糕的情况。但由于欧洲经济危机的叠加，目前全世界的经济仍处于不稳定状态。通过前面的内容，我们了解了面对经济萧条应该实施财政政策还是货币政策。不过最近更多的争论集中在政府到底应不应该多花钱这个问题上。接下来我们就来了解一下这方面的内容。

国家花的钱基本上都来源于公民们缴纳的税金。可有时光凭税金又不足以实施财政政策。所以国家也会借钱，而借到钱后将来就得给出借方利息。随着债务不断增多，国家也有可能无力还债，甚至还有可能导致国家破产。比如我们在前面提到的希腊就曾经面临国家无力还债的情况。所以有主张认为政府不应过度花钱，应想办法减少债务。

首先，主张政府应该减少债务的人认为，债务增加会在某个时候导致国家财政出现问题，公民和企业将不再努力工作，只依靠政府过活。如果政府把所有事全都安排好了，会催生人的惰性，进而导致经济无法朝着好的方向发展。我们可以认为这个主张有一定的正确性，但是如果当前经济萧条严重，不花钱就会导致经济变得更加困难。因为在经济萧条的时期，本来人们和企业就已经无法花钱了，这时如果连政府都不花钱，经济一定会变得更加困难。此时国家借债后实施财政政策会使经济得到提振，这样再由此获得更多税金，政府的财政状况也会变好。

因此，政府应该根据情况不同，在该花钱的时候果断花钱。虽然普遍想法认为人会在经济困难时只依赖政府，但在经济极为糟糕时人们也有可能出现自暴自弃的情况，所以政府要积极帮助人们自立。

与经济萧条一决胜负

近年来许多国家都开始向着提振市场经济的方向采取经济政策。其中最有代表性的是消除了管控市场的制度。尤其是对金融企业的管控消失,这些金融企业可以自行制造金融产品。起初,这些金融企业收益颇丰,呈现出一片盛景,结果却在2008年迎来了全球金融危机。

> **信用不良者**
> 不履行金融债务的人。

全球金融危机的最大起因就是金融企业随意制造和销售金融产品。即使是难以还债的人,这些企业还是会把钱借给他们。韩国就曾经因为信用卡公司在办理信用卡时不考虑人们的还款能力而出现了问题。

重视市场经济的经济学家主张人们办理了信用卡后要在一定的限度内使用，可仍有很多人不考虑自身的经济能力随意使用，结果成了信用不良者。

信用卡公司把钱借给无力还钱的人以后，由于收不到人们的还款而陷入经营困难。政府投入了大量金钱援助这些信用卡公司，无数人成了信用不良者。因此，金融企业需要监督和规则来防止人们随意借钱。

> 政府在实施私有财产制度或公平交易制度等保证市场经济良好运行的各种法律性或制度性规则或政策。

虽然金融企业属于典型，但其实其他企业也需要监督和规则。如果把一切都交给市场，那市场就成了一个弱肉强食的地方。无限的竞争虽然看似有益于经济发展，可不当竞争反而会损害经济，导致只看重自身利益的自私的强者体

第四章　应该如何应对经济萧条　◆　95

系形成，少数人获得利益，其他人却受到严重打击，经济也会陷入困难。只注重少数人利益的经济最终会使整体经济变差。因此，为了改善经济，政府必须制定公平的规则并进行监督。

美国经济在克服了大萧条后一直持续繁荣到了20世纪60年代，其原因之一也是当时不存在严重的不公平。虽然看似富人增多经济就会变好，可实际情况并不是这样。富人的数量有限，如果只激活专为他们消费的经济市场，其余的市场就会陷入停滞。

不要惧怕通货膨胀

之前我们说过，政府花钱多除了会导致债务增多，还有可能造成通货膨胀。市场上流通的货币增多，发生通货膨胀的可能性也会相应增大。适度的通货膨胀可以证明经济运行良好，可一旦发生恶性通货膨胀，就大事不妙了。

那现在的物价上涨率怎么样呢？在全世界范围内都不高，美国也只有1%到2%左右。现在我们要担心的不是通货膨胀，而是通货紧缩。包括美国在内的许多国家的利率都已达到或接近零利率，降低利率已经很难激活经济了。所以政府应该果断花钱。但反对这个主张的人们表示这样可能会导致恶性通货膨胀。可全球金融危机爆发以后，虽然各国政府按照自己的方式花钱，到目前为止还没有发生通货膨胀，仍然以通货紧缩为主流。所以这个主张可以说是让政府什么都不做的主张。这与大萧条时期认为什么都不做经济就会自行好转的主张没什么区别。

下面再来看看稍微有些难度的内容。正如前面所说，一定程度的通货膨胀对经济有好处。当前的低利率对借到钱的人有利。通货膨胀有助于债务在身的人摆脱危机。

时机对经济十分重要，所以决不能死抱着一种主张不放。根据时机提出合适的解决方法是经济学家的责任。希望大家也能努力学习经济，在合适的时机进行合适的经济活动。

现在仍有很多人反对政府应该果断花钱的主张。这些人表示，政府花钱后会增加政府的债务，人们会因此不安，这样会令经济危机更严重。不过我并不认同这种主张。政府不采取行动才会让人们更加不安。政府积极干预、恢

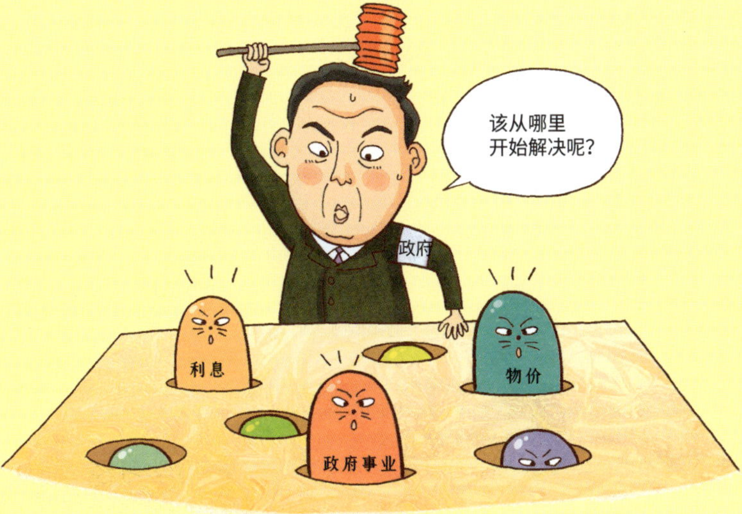
该从哪里
开始解决呢？
政府
利息
物价
政府事业

复经济才能缓解人们的担忧。平时我们可以让经济自行调节，可在当前这种危机下，政府必须出面解决问题。

到此为止，我们了解了解决经济萧条的方法。简单总结一下。第一，应该制定规则防止市场失灵。尤其要彻底遵守金融相关规则。第二，不能惧怕通货膨胀，同时也要解决通货紧缩。第三，政府要积极果断花钱。要把钱用在国家需要的事上，改善人民的生活，改善经济。如果能充分实行这三项政策，我们就能摆脱当前的经济危机。

扩展知识

经济增长不是幸福的唯一条件

经济由数字体现。人们普遍认为数字越大说明经济情况越积极。在这些数字中,最广为人知的就当数国内生产总值,它表示一个国家或地区在一定时期内所生产出的全部最终产品和劳务的价值,也可以说成是最终生产成果的总和。

国内生产总值是体现一个国家的经济状况的最有代表性的数字。所以政府每年都在努力提高国内生产总值。人们普遍认为国内生产总值大幅增加就说明经济变好了，而减少就意味着经济变差了。大家都期待国内生产总值大幅增加。可是，国内生产总值提高了，我们所有人就会变得更幸福吗？

国内生产总值就是人们生产活动的最终成果的总和。这个数字包括我们在排出公害物质的同时赚的钱和排出空气污染物的无数车辆。用来预防犯罪的安保系统企业的销售额也包含其中。建设和运营关押罪犯的监狱也包含其中。如果因为做了很多这样的事而使国内生产总值大幅增加，所有人还会幸福吗？

相反，还有一些部分不包含在国内生产总值中。表示大家和家人、朋友和睦生活的幸福指数就不包含在国内生产总值中。帮助别人的美丽善心也不包含其中。大自然的美、森林的价值也一样。而破坏森林出售木材反而会增加国内生产总值。

还有很多重要的事无法用国内生产总值来衡量。美国前总统约翰·肯尼迪（John Kennedy）的弟弟罗伯特·肯尼迪（Robert Kennedy）曾于1968年3月18日在堪萨斯大学发表演讲时说："无论我们为了消除物质上的贫困如何努力，都会存在更加艰难的事情。折磨我们所有人的是不知足。"他当时批判的是美国人沉溺于"单纯的物质积累"。虽然已经过去多年，可这段话在当今这个情况下却有了更深刻的意义。

有些人可能认为只要经济增长生活就会幸

福。可实际并非如此。物质满足永远都没有尽头。通过一味追求经济增长来获得幸福本身就存在局限性。大家可能会觉得如果自己能做所有想做的事的话就会很幸福。实际上也并非如此。我们需要在追求经济增长的同时也珍视那些看不到的价值。而且在追求增长时,我们也要追求让所有人都能感到幸福的增长和对别人有帮助的善意增长。只有这样,我们所有人才会幸福。

经济萧条不可能完全消失。可不管怎样，不努力是绝对不行的。

萧条

克服经济萧条的方法有花钱的财政政策和妥善管钱的货币政策。

一定要把萧条撞飞！

骨碌碌

萧条 萧条

我们很难说两种政策中哪种更正确。最重要的是根据所处情况使用合适的政策。

财政政策 货币政策

现在该打开哪扇门呢？

就算在艰难的时候也不要停下来，所有人应该合力共同战胜经济萧条。

嘿呦，嘿呦

经济萧条

大家一起战胜萧条

结语

我们能通过努力战胜萧条

虽然大家会感到失望,不过经济确实不可能永远繁荣。单看历史就能发现从古至今世界经济经历过无数次萧条。大家知道这个事实的时候一定感到很失望。不过我们也了解了很多应对萧条的方法。尤其是通过大萧条得到的教训。经济萧条不是什么都不做就能自行解决的,我们知道政府必须站出来积极采取措施才行。

虽然萧条不可避免,但我们可以通过努

力让萧条尽快过去。现在的经济危机在很大程度上是由"经济一定要完全交给市场"这个主张引起的。持此主张的人认为政府不应干预经济。但根据供应和需求进行的商品交易即使要由市场决定，政府还是应决定是否将所有东西都交给市场。因此绝不能把经济和政治分开考虑。另外，向富人多征税、增加社会福利、建设学校等这些事都是由政治决定的。

当然，大家现在还不能完全理解和实践这些理论和主张。但是如果因此就毫不在意或刻意回避的话，将来等到需要大家来做决定的时候，大家可能就会难以抉择。所以我希望大家不要认为这些问题很难或者和自己关系不大，要从现在开始多关注、多学习。大家的生活就取决于大家的选择。